A ARTE
DE TER RAZÃO

Conheça os títulos da Coleção Biblioteca Diamante:

A arte da guerra e da liderança — Napoleão Bonaparte
A arte de ter razão — Arthur Schopenhauer
A decadência da mentira e outros ensaios — Oscar Wilde
A literatura, os escritores e o Leviatã — George Orwell
A mão invisível do mercado — Adam Smith
As dez melhores histórias do Decamerão — Giovanni Boccaccio
D. Benedita, Clara dos Anjos e outras mulheres — Machado de Assis e Lima Barreto
Um pecador se confessa — Santo Agostinho

ARTHUR SCHOPENHAUER

A ARTE DE TER RAZÃO

COLEÇÃO
BIBLIOTECA DIAMANTE

PREFÁCIO
MIGUEL SANCHES NETO

TRADUÇÃO
PETÊ RISSATTI

EDITORA
NOVA
FRONTEIRA

Título original: Die Kunst, Recht zu behalten

Direitos de edição da obra em língua portuguesa no Brasil adquiridos pela
EDITORA NOVA FRONTEIRA PARTICIPAÇÕES S.A. Todos os direitos reservados.
Nenhuma parte desta obra pode ser apropriada e estocada em sistema de banco
de dados ou processo similar, em qualquer forma ou meio, seja eletrônico, de
fotocópia, gravação etc., sem a permissão do detentor do copirraite.

EDITORA NOVA FRONTEIRA PARTICIPAÇÕES S.A.
Rua Candelária, 60 — 7º andar — Centro — 20091-020
Rio de Janeiro — RJ — Brasil
Tel.: (21) 3882-8200

Dados Internacionais de Catalogação na Publicação (CIP)
(Câmara Brasileira do Livro, SP, Brasil)

Schopenhauer, Arthur, 1788-1860
A arte de ter razão / Arthur Schopenhauer;
tradução Petê Rissatti. — 1. ed. — Rio de Janeiro: Nova
Fronteira, 2021. — (Coleção Biblioteca Diamante)
104 p.

Título original: Die Kunst, Recht zu behalten
ISBN 978-65-5640-287-1

1. Filosofia alemã I. Título II. Série.

21-70043 CDD-193

Índices para catálogo sistemático:
1. Filosofia alemã 193
Aline Graziele Benitez - Bibliotecária - CRB-1/3129

SUMÁRIO

UM MANUAL DE SOBREVIVÊNCIA · MIGUEL SANCHES NETO   7

DIALÉTICA ERÍSTICA   11
BASE DE TODA DIALÉTICA   26
38 ESTRATAGEMAS   30

ANEXO   83
NOTAS   89
SOBRE O AUTOR   101

UM MANUAL DE SOBREVIVÊNCIA
MIGUEL SANCHES NETO

Se este ensaio (datado de 1830) não estava completamente finalizado, tendo sido publicado postumamente em 1864, ele não deixa de ter uma inteireza conceitual a toda prova. O problema diante do qual Arthur Schopenhauer se colocou é mais do que nunca contemporâneo em uma sociedade que lincha virtualmente indivíduos quando estes participam de intervenções públicas.

O ensaio parte da seguinte premissa: em uma disputa, só é proibido perder. Não é inocente, portanto, a metáfora usada pelo filósofo ao apresentar seu conceito de dialética erística como "a arte da esgrima intelectual para se ter razão". Os contendores necessitam de habilidades tanto de ataque quanto de defesa. Daí a sistematização de regras e contrarregras na parte central do livro, os 38 estratagemas.

Simbolicamente, a espada (instrumento da esgrima) está relacionada ao domínio da expressão. "O Apocalipse descreve uma espada de dois gumes a sair da boca do Verbo" (Chevalier, *Dicionário de Símbolos*). O mesmo verbete lembra que ela designa tanto a palavra quanto a eloquência, pois a língua tem, à maneira da espada, dois gumes. Estes dois gumes fixam a potência dual da espada: destruir (acabar com algo bom) ou construir (evitar a injustiça pelo manejo da arma).

Também é duplo o aspecto deste manual de vencer um debate a qualquer preço. As estratégias — o que nos remete a uma ideia militar — podem servir para evitar o mal ou para o produzir, "tanto justa quanto injustamente". Ao recomendar as táticas, Schopenhauer as expõe como forma de alertar quem participa do debate público, mas o material também funciona como uma cartilha para derrotar o inimigo, como se estivéssemos em um jogo. Ensaio avesso à abstração conceitual ou a idealizações, este livro nasceu do conhecimento de nossa espécie, marcada por uma "maldade natural". Se o gênero humano é por natureza vaidoso, falastrão e desonesto, qualquer enfrentamento tem como objetivo central não a busca da verdade, mas o triunfo, a vitória, a palavra final — a afirmação do eu, do grupo, da irmandade. Na gíria de internet, o importante é "lacrar", ou seja, destruir os argumentos do adversário. Nesta guerra de discursos a que fomos expostos, impor uma vitória ao opositor é questão de sobrevivência, tanto na esfera política quanto empresarial e intelectual. Multidões são hoje levadas a forjar a própria afirmação, referendando crenças, mesmo quando falaciosas, porque elas criam um sentido de sucesso sem o qual se inexiste socialmente.

Com *A arte de ter razão*, Schopenhauer antecipava os grandes dilemas da humanidade sob a égide cibernética. É importante salientar que o ponto de vista assumido no ensaio não é o do inocente, o do justiceiro ou o do profeta de um novo mundo, e sim de alguém que se via como parte deste gênero imperfeito que é o humano. O filósofo escreve sem se preocupar em converter o leitor a uma verdade ou para corrigir moralmente comportamentos tidos como inadequados. Ele indica formas de sobrevivência no debate público, buscando tipificar os movimentos da espada (ou florete, ou sabre) durante a ação do esgrimista. Estes estratagemas são "úteis tanto para uso próprio quanto para frustrá-los quando outra pessoa lançar mão deles". O conhecimento filosófico acumulado é posto a serviço de uma atuação pública, de receitas, digamos, amorais, ao nível da própria condição humana. Daí o poder deste livro, que aplica a dialética a casos concretos e lhe dá uma possibilidade de uso nos mais diversos contextos cotidianos.

É um livro nada inocente, pós-humanista, que ensina a arte de destruir para não ser destruído, mesmo quando não se está certo — uma necessidade própria da idade moderna, em que a aparência se sobrepôs à essência e em que mais importante de tudo é controlar nosso discurso para produzir um efeito cênico triunfal.

Para não entrar na análise de todos os estratagemas, recorro aqui ao último. Quando não se consegue vencer o adversário por nenhuma forma de argumentação lógica, legítima ou enganosa, resta o golpe mais baixo de todos, que é a ofensa pessoal para atingir a honra do outro, colando nele uma pecha odiosa, que o destruirá — ou, para continuar no vocabulário da internet, promoverá seu cancelamento. Este é o estratagema mais recorrente hoje, quando se deixou de lado o jogo do intelecto para fazer uso indiscriminado de um discurso da animalidade predatória. Em uma era de ignorâncias com espaço de expressão, todos estão sujeitos a este ataque, para o qual se tem um único atenuante: manter a calma e tentar voltar ao campo das ideias.

DIALÉTICA ERÍSTICA

A dialética erística[1] é a arte de disputar, a saber, disputar de tal forma que se tenha razão *per fas et nefas* [tanto justa quanto injustamente].[2] É possível termos razão objetiva na questão em si e ainda assim, aos olhos de quem observa, estarmos errados, às vezes até aos nossos próprios olhos. Pois quando o adversário refuta minha prova, isso conta como refutação da afirmação em si, para a qual, entretanto, pode haver outras provas; é claro que, nesse caso, a relação se inverte para o adversário: ele tem razão dentro de uma injustiça objetiva. Portanto, a verdade objetiva de uma frase e sua validade na aprovação dos debatedores e ouvintes são duas coisas diferentes. (A dialética volta-se a esta última.)

De onde isso vem? — Da maldade natural da raça humana. Se não fosse ela, se fôssemos fundamentalmente honestos, teríamos, em todos os debates, apenas o objetivo de trazer a verdade à luz, independentemente se fosse segundo a nossa opinião anteriormente apresentada ou a do outro: seria indiferente, ou pelo menos uma questão totalmente secundária. Mas, neste momento, é a questão principal. A vaidade inata, que é particularmente melindrosa no que diz respeito às faculdades do entendimento, não quer que o que estabelecemos primeiro esteja errado e aquilo que o adversário afirma esteja certo. Nesse sentido, todos teriam que se esforçar para não julgar senão corretamente, para o que primeiro seria necessário pensar e depois falar. Mas, à vaidade inata são acrescidas, na maioria das pessoas, a tagarelice e a desonestidade inata. Falam antes de terem pensado, e, quando então percebem que sua afirmação está equivocada e eles estão errados, deve parecer que o contrário aconteceu. O interesse pela verdade, que provavelmente teria sido o único motivo para o estabelecimento da sentença supostamente verdadeira, agora dá lugar inteiramente ao interesse da vaidade: o verdadeiro deve parecer falso, e o falso, verdadeiro.

No entanto, mesmo essa desonestidade, a insistência em uma frase que já nos parece equivocada, ainda tem uma desculpa: no início, com frequência, ficamos firmemente convencidos da verdade de nossa afirmação, mas o argumento do adversário agora parece derrubá-la; se desistirmos da questão nesse momento, muitas vezes descobrimos em seguida que estávamos certos, no fim das contas: nossa prova era falsa, mas poderia haver uma prova verdadeira para a afirmação, e o argumento salvador não nos ocorreu de imediato. Portanto, surge em nós a máxima, mesmo quando o contra-argumento parece correto e decisivo, de que devemos combatê-lo, na crença de que sua correção seria apenas aparente, e, durante a disputa, surgirá outro argumento para derrubá-lo ou para confirmar nossa verdade de outra forma, o que quase nos obriga, ou ao menos ligeiramente nos seduz a sermos desonestos na disputa. Desse modo, a fraqueza de nosso entendimento e a perversidade de nossa vontade se apoiam mutuamente. Daí decorre que, via de regra, quem contesta não luta pela verdade, mas por sua afirmação, como *pro ara et focis* (pelos lares e altares) e prossegue *per fas et nefas* (pelo lícito e pelo ilícito), pois, como já demonstrado, não consegue proceder de outra forma.

Em geral, todos desejarão fazer valer sua afirmação, portanto, mesmo quando ela lhes pareça falsa ou duvidosa no momento.[3] As ferramentas para isso dão a cada um sua própria astúcia e maldade até certo ponto: é o que se ensina pela experiência diária da disputa. Todos têm sua dialética natural, portanto, assim como ele tem sua lógica natural. Ocorre apenas que aquela não o orienta de forma tão segura por muito tempo quanto esta. Não é fácil para ninguém pensar ou chegar a conclusões contra as leis da lógica: julgamentos errados são comuns, conclusões erradas, extremamente raras. Portanto, não é fácil para uma pessoa mostrar falta de lógica natural; em contrapartida, é provável que falte dialética natural: trata-se de um dom da natureza desigualmente distribuído (como a faculdade do juízo, que se distribui muito desigualmente, enquanto a razão de forma propriamente igual). Pois acontece com frequência que, ainda que se tenha razão, por meio de uma argumentação meramente aparente, é possível deixar-se confundir ou ser refutado, ou vice-versa; e quem sai vitorioso de uma disputa deve isso, muitas vezes, não tanto à correção de seu julgamento ao apresentar sua afirmação, mas antes à astúcia e à habilidade com que ele a defendeu. Como em todos os casos, aqui o inato é o melhor:[4] no entanto, o exercício e também a reflexão sobre as frases com que se pode derrubar o adversário, ou que ele mais usa para derrubá-lo, contribuem muito para se alcançar a maestria nessa arte. Portanto, mesmo que a lógica não possa realmente ter qualquer utilidade prática, a dialética certamente pode ter uma. Também me parece que Aristóteles estabeleceu sua lógica própria (a analítica) principalmente como base e preparação para a dialética e que isso era a principal questão para ele. A lógica lida com a mera forma das proposições, a dialética com seu conteúdo ou matéria: daí a consideração da forma, do geral, dever preceder a do conteúdo, do particular.

Aristóteles não define a finalidade da dialética com a mesma precisão que eu: embora ele afirme que a finalidade principal é a disputa, ao mesmo tempo também afirma que a verdade precisa ser encontrada *(Tópicos,* I, 2); depois diz novamente que tratamos as teses filosoficamente de acordo com a verdade, dialeticamente de acordo com as aparências ou a aprovação, a opinião dos outros (δοξα) *Tópicos,* I, 12. Ele tem ciência da distinção e da separação entre a verdade objetiva de uma proposição da sua imposição ou da obtenção de aprovação, apenas não as distingue com nitidez suficiente a fim de instruir a dialética apenas a fazer o último.[5] Suas regras para a finalidade última são, portanto, frequentemente mescladas com as da primeira. Por isso, me parece que não concluiu a contento sua tarefa.[6]

Nos *Tópicos*, Aristóteles estabeleceu a dialética com espírito científico próprio de maneira extremamente metódica e sistemática, e isso merece admiração, ainda que a finalidade, que aqui é obviamente prática, não tenha sido especialmente alcançada. Depois de ter considerado nos *Analíticos* os conceitos, julgamentos e inferências segundo sua forma pura, ele se volta ao conteúdo, que realmente tem que ver apenas com os conceitos, pois neles está o conteúdo. Proposições e conclusões são meras formas para si: os conceitos são seu conteúdo.[7] — Seu percurso é o seguinte: toda discussão, toda disputa, tem uma *thesis* ou problema (que apenas diferem na forma) e, então, proposições que devem servir para resolvê-lo. Sempre se trata de uma questão de relação de conceitos entre si. Inicialmente, essas relações são quatro. Em um conceito, busca-se especificamente 1. sua definição, ou 2. seu gênero, ou 3. sua peculiaridade, a característica essencial, o *proprium*, o *idion,* ou 4. seu *accidens*, ou seja, qualquer propriedade, quer seja peculiar e exclusiva ou não, em suma, um predicado. O problema de toda disputa pode remontar a uma dessas relações. Essa é a base de toda a dialética. Nos oito livros dos *Tópicos*, ele estabelece todas as relações que os conceitos podem ter entre si em qualquer dos quatro aspectos e mostra as regras para todas as relações possíveis, ou seja, como um conceito deve se relacionar com outro para ser seu *proprium*, seu *accidens*, seu *gênero*, seu *definitum* ou definição: quais erros são facilmente cometidos na apresentação, e, nesse sentido, o que se deve observar a cada vez quando estabelecemos tal relação (κατασκεναζειν) e o que se pode fazer depois que o outro a estabelece para derrubá-la (ανασκευαζειν), Ele chama a lista de todas as regras ou todas as relações gerais desses conceitos classes entre si de τοπος (topos), *locus*, e apresenta 382 desses τοποι, daí *Tópicos*. A isso ele adiciona algumas regras gerais sobre disputas em geral, mas que não são de forma alguma exaustivas.

O *topos* não é, portanto, puramente material, tampouco se refere a um objeto ou conceito determinado; em vez disso, se trata sempre de uma relação de classes inteiras de conceitos, que pode ser comum a inúmeros conceitos, contanto que possam ser considerados em um dos quatro aspectos mencionados, o que ocorre em toda discussão. E esses quatro aspectos, por sua vez, têm subclasses.

A consideração aqui ainda é, em certa medida, formal, mas não tão puramente formal como na lógica, pois trata do conteúdo dos conceitos, mas de maneira formal, ou seja, indica como o conteúdo do conceito A deve se comportar diante do conceito B para que este possa ser apresentado como seu *genus* ou seu *proprium* (característica) ou seu *accidens* ou sua definição ou, de acordo com as rubricas subordinadas a eles, de oposição, αντικειμεον, causa e efeito, propriedade e deficiência etc. E toda disputa deve girar em torno de tal relação. A maioria das regras sobre essas relações, regras assinaladas, então, justamente como *topoi*, são aquelas que existem na natureza das relações entre conceitos, das quais todos têm consciência por si mesmos e exigem que o adversário também as observe por si mesmo, assim como na lógica, e é mais fácil em casos especiais observar ou notar sua negligência do que lembrar os *topos* abstratos sobre ela: daí justamente não ser grande o uso prático dessa dialética. Ele diz quase sempre muitas coisas que se entendem por si e que o bom senso é capaz de observar por si mesmo. Exemplos:

"Afirmando-se o *genus* de uma coisa, também se deve atribuir-lhe uma *species* desse *genus*; do contrário, a afirmação é falsa. Por exemplo, afirma-se que a alma tem movimento, então, deve ter um tipo determinado de movimento, voo, marcha, crescimento, diminuição etc. — do contrário, ela também não terá movimento. — Então, se não há uma *species* atribuída, também não há *genus*: isso é o *topos*." Esse *topos* vale para erguer e para derrubar. É o nono *topos*. E vice-versa: se o *genus* não é atribuído, também não há *species*: por exemplo, alguém teria (afirma-se) falado mal de outrem: se provarmos que ele não falou nada, também não falou mal de ninguém, pois, se não há *genus*, também não pode haver *species*. Sob a rubrica do que é peculiar, do *proprium*, o *locus* 215 diz o seguinte: "Em primeiro lugar, para derrubar: se o adversário afirma como peculiar que algo pode ser percebido apenas pelos sentidos, então está mal afirmado, pois tudo o que é sensível se torna incerto assim que sai do reino dos sentidos: por exemplo, ele assume que o peculiar do Sol é ser a estrela mais brilhante que se move sobre a Terra, o que é inválido, pois, quando o Sol se põe, não sabemos se ele se move sobre a Terra, porque fica fora do alcance do reino dos sentidos. Em segundo lugar, para erguer: o peculiar é afirmado corretamente quando algo é estabelecido que não se reconhece por meio dos sentidos ou quando é reconhecido pelos sentidos, mas está necessariamente presente: por exemplo, afirma-se que o peculiar da superfície é primeiro o fato de ser colorida; então, é realmente uma característica sensível, mas uma que obviamente está presente em todos os momentos, por isso está correta." — Isso é suficiente para dar uma ideia aos senhores da dialética de Aristóteles. Não me parece que ela atinja sua finalidade: tentei, portanto, atingi-la de outra forma. Os *Tópicos* de Cícero são uma imitação dos aristotélicos feita de memória: extremamente superficial e pobre; Cícero não tem nenhuma ideia clara do que é ou de qual é a finalidade de um *topus*, de modo que tagarela *ex engenho* (por invenção livre) todo tipo de coisa em uma confusão, enfeitando com muitos exemplos jurídicos. Um de seus piores escritos.

Para estabelecer a dialética de maneira pura, sem consideração com a verdade objetiva (que é uma questão de lógica), deve-se apenas considerá-la como a arte de ter razão, o que evidentemente será ainda mais fácil se tivermos razão no assunto em si. Mas a dialética, como tal, deve ensinar apenas como se defender de ataques de todos os tipos, especialmente dos desonestos, e também como é possível, sem se contradizer e, principalmente, sem ser refutado, atacar o que outra pessoa afirma. Deve-se separar estritamente a descoberta da verdade objetiva da arte de demonstrar a validade de nossas proposições: aquela é [a tarefa] de uma πραγματεια (atividade) totalmente diferente, é a obra da faculdade do juízo, obra da reflexão, da experiência, e não há uma arte própria para isso; mas a segunda é a finalidade da dialética. Ela foi definida como a lógica da aparência: o que é falso, pois então serviria apenas para a defesa de proposições falsas; apenas porque, ainda quando se tem razão, necessitamos da dialética para nos defender e precisamos conhecer os estratagemas desonestos para enfrentá-los; é mesmo com frequência que utilizamos alguns deles para golpear o adversário com as mesmas armas. Por isso, na dialética, a verdade objetiva deve ser posta de lado ou vista como acidental. Basta cuidarmos em como defender nossas afirmações e derrubar as do outro. Nas regras a esse respeito, não se deve levar em conta a verdade objetiva, porque quase nunca se sabe onde ela se está:[8] muitas vezes não sabemos se estamos certos ou não, muitas vezes acreditamos ter e nos enganamos, muitas vezes as duas partes acreditam estar com a razão: porque *veritas est in puteo* (a verdade está na profundidade) (εν βυθῳ ἡ αληθεια, Demócrito); quando surge a disputa, em geral todos acreditam que têm a verdade ao seu lado: à medida que ela continua, ambos ficam em dúvida. No fim, deve-se primeiro reconhecer a verdade, confirmá-la. Então, a dialética não deve se envolver aí, tão pouco quanto o mestre de esgrima considera quem tem razão na disputa que deu origem ao duelo: golpear e aparar, é isso que importa, assim como na dialética: é uma esgrima intelectual; somente assim pode ser estabelecida como disciplina própria, pois, se estabelecermos a verdade puramente objetiva como uma finalidade, voltaremos à mera lógica; se, por outro lado, estabelecermos como finalidade a execução de proposições falsas, teremos a mera sofística. E, nos dois casos, estaria pressuposto que já sabíamos o que é objetivamente verdadeiro e falso: mas isso raramente é certo de antemão. O verdadeiro conceito de dialética é, portanto, o estabelecido: a arte da esgrima intelectual para se ter razão na disputa, embora o nome erística fosse mais apropriado: mais corretamente ainda, dialética erística: *dialectica eristica*. E ela é muito útil: tem-se a negligenciado injustamente nos tempos modernos.

Visto que, neste sentido, a dialética deve ser meramente um resumo e uma representação reduzidos a sistema e regras daquelas artes inspiradas pela natureza de que a maioria das pessoas se vale quando percebe que a verdade não está do seu lado em uma disputa para, ainda assim, manter a razão; por isso, também seria muito inadequado considerar e trazer à luz a verdade objetiva na dialética científica, já que isso não acontece nessa dialética original e natural, já que nela o objetivo é apenas ter razão. A principal tarefa da dialética científica em nosso sentido é, portanto, estabelecer e analisar esses artifícios de desonestidade na disputa, de modo que, em debates reais, possam ser reconhecidos e destruídos imediatamente. Precisamente por esse motivo ela deve, em sua apresentação, tomar como finalidade última apenas ter razão, e não a verdade objetiva.

Não conheço nada que fora alcançado neste sentido, embora tenha buscado em toda parte:[9] é um campo, portanto, ainda não cultivado. Para atingir a essa finalidade, seria preciso extrair da experiência, observando como, nos debates que frequentemente ocorrem em nossos círculos, este ou aquele truque é usado por uma parte e outra, para em seguida reduzir os artifícios recorrentes ao seu caráter geral e, assim, estabelecer certos estratagemas gerais, que seriam úteis tanto para uso próprio quanto para frustrá-los quando outra pessoa lançar mão deles.

O que vem a seguir deve ser considerado como uma primeira tentativa.

BASE DE TODA DIALÉTICA

Antes de mais nada, deve ser considerado o essencial de toda discussão, o que realmente está acontecendo nela. O adversário apresentou uma tese (ou nós mesmos, não importa). Existem dois modos e dois caminhos para refutá-la.

Os modos: a) *ad rem,* b) *ad hominem* ou *ex comcessis:* ou seja, nós mostramos que a proposição não concorda ou com a natureza das coisas, com a verdade objetiva absoluta, ou com outras afirmações ou concessões do adversário, ou seja, com a verdade subjetiva relativa: esta última é apenas uma convicção relativa e não tem relação com a verdade objetiva.

Os caminhos: a) refutação direta, b) indireta. — A refutação direta ataca a tese em suas bases, a indireta, em suas consequências: a direta mostra que a tese não é verdadeira, a indireta, que ela não pode ser verdadeira.

No caso da direta, podemos proceder de duas formas. Ou mostramos que as bases de sua afirmação estão erradas *(nego majorem; minorem)*, ou admitimos as bases, mas mostramos que a afirmação não decorre delas *(nego consequentiam)*, ou seja, atacamos a consequência, a forma da inferência. Na refutação indireta, usamos a apagogia ou a instância.

a) Apagogia: aceitamos sua proposição como verdadeira, e, então, mostramos o que deriva dela quando a usamos como uma premissa para um silogismo em conexão com qualquer outra proposição reconhecida como verdadeira, e surge, então, uma conclusão que é evidentemente falsa, na medida em que refuta ou a natureza das coisas,[10] ou as outras afirmações do próprio adversário, sendo, assim, falsa *ad rem* ou *ad hominem* (Sócrates em *Hípias maior* e outras passagens): por conseguinte, a proposição também era falsa, pois apenas proposições verdadeiras podem resultar de premissas verdadeiras, embora as premissas falsas nem sempre derivem de proposições falsas.

b) A instância, ενστασις, *exemplum in contrarium:* refutação da proposição geral por meio da demonstração direta de casos individuais abarcados no enunciado para os quais ela não vale e, portanto, deve ser ela mesma falsa.

Essa é a estrutura básica, o esqueleto de toda discussão: temos, portanto, sua osteologia. Pois é basicamente nisso que todas as defesas de tese se baseiam: mas tudo isso pode acontecer realmente ou apenas aparentemente, com razões autênticas ou inautênticas; e porque não é fácil distinguir algo com clareza quanto a essas coisas, os debates são tão longos e persistentes. Também não conseguimos separar o verdadeiro e o aparente nas instruções prévias do debate, já que, de antemão, os próprios debatedores nunca estão seguros quanto a elas. Por isso, apresento os estratagemas sem considerar se a gente tem ou não razão objetiva, já que não se pode saber com certeza o que só é possível determinar por meio da disputa. Aliás, em toda disputa ou argumento em geral, é preciso estar de acordo sobre algo, a partir do que, na condição de um princípio, se quer julgar a questão apresentada: *Contra negantem principia non est disputandum* (Não há como discutir com quem contesta as proposições iniciais).

38 ESTRATAGEMAS

Estratagema 1

A ampliação. Levar a afirmação do adversário para além de seus limites naturais, interpretá-la da maneira mais geral possível, tomá-la no sentido mais amplo possível e exagerá-la; em oposição, contrair a nossa no sentido mais estreito possível, dentro dos limites mais reduzidos possíveis, pois quanto mais geral uma afirmação se torna, mais exposta a ataques ela será. O antídoto é a declaração exata dos *puncti* ou do *status controversiae*.

Exemplo 1. Eu disse: "Os ingleses são a primeira nação na arte dramática." — O adversário queria pôr à prova uma *instantia* e respondeu:

"Seria algo conhecido que na música e, por consequência, também na ópera, não puderam oferecer nada." — Retorqui lembrando "que a música não está compreendida na arte dramática; esta designa apenas a tragédia e a comédia", o que ele sabia muito bem, tendo apenas tentado generalizar minha afirmação de tal forma que compreendesse todas as representações teatrais, por conseguinte a ópera, e, assim, também a música, para então me vencer com segurança. Salvamos nossa própria afirmação, em movimento inverso, a restringindo ainda mais do que era a primeira intenção, caso a expressão utilizada permita.

Exemplo 2. A diz: "A paz de 1814 devolveu a independência de todas as cidades hanseáticas alemãs." — B oferece a *instantia in contrarium* de que, com essa paz, Danzig perdeu a independência que fora dada por Bonaparte — A salva-se da seguinte forma: "Eu disse todas as cidades hanseáticas alemãs: Danzig era uma cidade hanseática polonesa." Aristóteles já ensinou esse estratagema (*Tópicos*, VIII, 12, 11).

Exemplo 3. Lamarck (*filosofia zoológica*) nega aos pólipos todas as sensações porque eles não têm nervos. No entanto, é certo que eles percebem, pois seguem a luz ao se mover habilmente de galho em galho e agarram sua presa. Assim, se pressupôs que a massa nervosa deles está distribuída uniformemente, fundida, por assim dizer, na massa de todo o corpo, pois evidentemente têm percepções sem órgãos de sentido separados. Uma vez que isso contradiz a suposição de Lamarck, ele argumenta dialeticamente da seguinte forma: "Então, todas as partes do corpo dos pólipos deveriam ser capazes de todo tipo de sensação, bem como de movimento, vontade e pensamentos: assim, o pólipo teria todos os órgãos do animal mais perfeito em cada ponto de seu corpo, cada ponto poderia ver, cheirar, saborear, ouvir etc., sim, pensar, julgar, concluir, cada partícula de seu corpo seria um animal perfeito, e o próprio pólipo prevaleceria diante do homem, uma vez que cada partícula dele teria todas as habilidades que o ser humano só possui como um todo. — Além disso, não haveria razão para não estender o que se diz dos pólipos à mônada, o mais imperfeito de todos os seres, e, por fim, também às plantas, que também são seres viventes etc." — Ao usar tais estratagemas dialéticos, um escritor revela que está intimamente ciente de que não tem razão. Porque se afirmou que "todo o seu corpo é sensível à luz, portanto, é como um nervo". Daí se conclui que o corpo pensa.

Estratagema 2

Usar a homonímia para estender a assertiva feita também para incluir aquilo que, excluindo a palavra semelhante, tem pouco ou nada em comum com o assunto em questão, depois refutá-la de forma convincente, dando, assim, a impressão de que se refutou a afirmação.

Nota. Sinônimos são duas palavras para o mesmo conceito: — homônimos são dois conceitos designados pela mesma palavra (ver Aristóteles, *Tópicos*, I, 13). Profundo, cortante, alto, ora usados para corpos, ora para sons, são homônimos. Honesto e honroso são sinônimos.

É possível considerar este estratagema idêntico àquele *sophisma ex homonymia*: entretanto, o sofisma óbvio da homonímia não enganará com seriedade.

> *Omne lumen potest extingui*
> *Intellectus est lumen*
> *Intellectus potest extingui.*
> (Toda luz pode ser apagada
> O intelecto é uma luz
> O intelecto pode ser apagado.)

Nota-se aqui imediatamente que há quatro *termini*: *lumen* no sentido autêntico e *lumen* no sentido figurado. Mas, em casos sutis, o sofisma se mostra enganoso, especialmente quando os conceitos que são designados pela mesma expressão estão relacionados e se sobrepõem.

Exemplo 1.[11] A. "Você ainda não foi iniciado nos mistérios da filosofia kantiana." B. "Ah, não quero saber de nada que tenha mistérios."

Exemplo 2. Critiquei como imprudente e estúpido o princípio da honra segundo o qual alguém se torna desonroso por um insulto recebido, a menos que seja retribuído por um insulto maior ou a lave com o próprio sangue ou o do adversário; apresentei como motivo o fato de a verdadeira honra não poder ser prejudicada por aquilo que se sofreu, mas inteiramente por aquilo que se faz, pois a qualquer um pode acontecer qualquer coisa. — O adversário fez o ataque direto ao motivo: mostrou-me com lucidez que, se um comerciante foi acusado falsamente de trapaça, desonestidade ou negligência nos negócios, seria um ataque à sua honra, que foi ferida aqui apenas pelo que sofreu, e que só poderia repará-la levando tal agressor à punição e à retratação.

Aqui, portanto, ele trocou, por homonímia, a honra civil, que também é chamada de bom nome e cuja violação ocorre por difamação, pelo conceito de honra cavalheiresca, que também é chamada de *point d'honneur* e violada por ofensas. E, porque um ataque ao primeiro não deve ser ignorado, mas deve ser repelido pela refutação pública, com o mesmo direito um ataque à última não deveria passar despercebido, mas ser repelido por uma ofensa maior e um duelo. — Portanto, houve uma mistura de duas coisas essencialmente diferentes por meio da homonímia da palavra honra e, com isso, uma *mutatio controversiae* (mudança da questão em debate) provocada pela homonímia.

Estratagema 3

Assumir a afirmação[12] que é apresentada de maneira *relativa*, κατΆ τι, como se fosse apresentada de forma geral, *simpliciter,* ἁπλως, *absoluta*, ou ao menos concebê-la em uma relação completamente diversa, e então refutá-la nesse sentido. O exemplo de Aristóteles é: o mouro é preto, mas, quanto aos dentes, é branco; então, é preto e não é preto ao mesmo tempo. — Este é um exemplo imaginado que não enganará ninguém: consideremos um a partir de uma experiência real.

Exemplo 1. Em uma conversa sobre filosofia, admiti que meu sistema protege e elogia os quietistas. — Logo depois a conversa foi parar em Hegel, e afirmei que ele havia escrito em grande parte desatinos, ou que haveria ao menos muitas passagens de seus escritos nas quais o autor põe as palavras e é o leitor que precisa pôr o sentido. — O adversário não tentou refutar essa afirmação *ad rem*, mas se contentou em apresentar o *argumentum ad hominem* quando disse que "eu havia acabado de elogiar os quietistas, mas eles também teriam escrito muitos desatinos". Admiti isso, mas o corrigi dizendo que não elogio os quietistas como filósofos e escritores, ou seja, não por causa de suas realizações teóricas, mas apenas como pessoas, por suas ações, puramente no sentido prático. No caso de Hegel, porém, está se falando de realizações teóricas. — Assim foi aparado o ataque.

Os três primeiros estratagemas estão relacionados: têm em comum o fato de o adversário realmente falar de algo diferente do que foi apresentado. Então, teríamos cometido um *ignoratio elenchi* [ignorância da refutação], se nos deixássemos ser rechaçados dessa forma. — Pois, em todos os exemplos apresentados, o que o adversário diz é verdade: não está, contudo, em contradição real com a tese, mas apenas em uma contradição aparente. Portanto, a pessoa atacada por ele nega a consequência de sua conclusão, ou seja, a inferência da verdade de sua proposição pela falsidade da nossa. É, portanto, uma refutação direta de sua refutação *per negationem consequentiae*. Não admitir premissas verdadeiras porque se prevê a consequência. Contra isso, confira os dois meios a seguir: Regras 4 e 5.

Estratagema 4

Caso se queira chegar a uma conclusão, não deixe que ela seja prevista, mas sim que as premissas sejam admitidas individual e inadvertidamente e espalhadas na conversa; do contrário, o adversário tentará todo tipo de chicana; ou, se houver dúvida de que o adversário as admitirá, então devem ser apresentadas premissas dessas premissas, fazer pró-silogismos, deixar que sejam inseridas premissas de vários desses pró-silogismos sem uma ordem, esconda, portanto, o jogo, até que tudo de que precisa seja admitido. Infira, portanto, o assunto a distância. Aristóteles dá essas regras (*Tópicos,* VIII, 1).

Não há necessidade de exemplo.

Estratagema 5[13]

Também é possível usar falsas premissas para provar sua proposição, ou seja, se o adversário não admitir as verdadeiras, seja porque não enxerga a verdade delas ou porque vê que a tese se seguiria imediatamente delas: então, pode-se tomar proposições que são falsas em si, mas verdadeiras *ad hominem*, e argumentar a partir da maneira de pensar do adversário *ex concessis*. Porque o que é verdadeiro também pode resultar de premissas falsas, embora nunca o que é falso de premissas verdadeiras. Da mesma forma, é possível refutar proposições falsas do adversário por meio de outras proposições falsas que ele, no entanto, considera verdadeiras, pois é com ele que lidamos e precisamos usar sua maneira de pensar. Por exemplo, se ele for um seguidor de alguma seita com que não concordamos, podemos usar os ditos dessa seita contra ele, como *principia*. (Aristóteles, *Tópicos*, VIII, 9.)

Estratagema 6

Faz-se uma *petitio principii* oculta, na medida em que se postula o que se deve provar, seja 1. sob um nome diferente, por exemplo, bom nome em vez de honra, virtude em vez de virgindade etc., também termos intercambiáveis, como: — animais de sangue vermelho em vez de vertebrados; 2. ou o que é contestado em particular pode ser admitido no caso geral, por exemplo, afirmar a incerteza da medicina, postulando a incerteza de todo conhecimento humano; 3. quando, *vice-versa*, duas coisas se afastam uma da outra, uma se prova, a outra se postula; 4. quando se deve provar o geral e se faz com que cada particular seja admitido. (O inverso do nº 2.) (Aristóteles, *Tópicos*, VIII, 11). O último capítulo dos *Tópicos* de Aristóteles contém boas regras sobre o exercício da dialética.

Estratagema 7

Se a disputa for conduzida de forma um tanto estrita e formal e caso se queira se fazer entender com bastante clareza, aquele que apresentou a afirmação, tendo de prová-la, procede com perguntas ao adversário para inferir, a partir de próprias concessões dele, a verdade da afirmação. Esse método *erotemático* era especialmente usado entre os antigos (também chamado de método socrático). A ele se referem o presente estratagema e alguns que virão a seguir. (Todos elaborados livremente segundo *Liber de elenchis sophisticis*, 15, de Aristóteles.)

Perguntar muito de uma só vez e minuciosamente para ocultar o que realmente se deseja admitir. Em contrapartida, apresentar rapidamente seus argumentos a partir do que foi admitido, pois quem demorar a entender não poderá acompanhar com precisão e ignorará quaisquer erros ou lacunas na argumentação.

Estratagema 8

Provoque a raiva no adversário, pois, na raiva, ele não conseguirá julgar corretamente e perceber sua vantagem. É possível levá-lo à raiva sendo abertamente injusto, assediando-o e sendo totalmente petulante.

Estratagema 9

Não fazer as perguntas na ordem exigida pela conclusão a ser tirada delas, mas com todo tipo de deslocamento: assim, ele não saberá aonde se quer ir e não poderá se acautelar. Também é possível utilizar suas respostas para diferentes conclusões, até mesmo a conclusões opostas, conforme elas surgem. Essa postura está relacionada ao estratagema 4, em que seu procedimento deve ser mascarado.

Estratagema 10

Se for notado que o adversário nega intencionalmente as questões cuja afirmação seria necessária para a nossa proposição, devemos questionar o contrário da proposição a ser usada, como se quiséssemos obter sua afirmação ou, ao menos, apresentar-lhe as duas para que escolhe, de modo que ele não perceba qual a proposição que se quer afirmada.

Estratagema 11

Se fizermos uma indução, e o outro nos permitir os casos individuais pelos quais ela deve ser estabelecida, não temos que lhe perguntar se também admite a verdade geral advinda desses casos, mas, em vez disso, introduzi-la posteriormente conforme estabelecida e admitida: porque, às vezes, ele mesmo acreditará que a admitiu, e também assim parecerá aos espectadores, porque eles se lembram das muitas perguntas sobre os casos individuais, que devem, pois, ter levado a tal objetivo.

Estratagema 12

Trata-se de um conceito geral que não tem um nome próprio, mas deve ser denominado em nível trópico por um símile. Assim, devemos escolher imediatamente o símile de tal forma que seja vantajoso para nossa afirmação. Por exemplo, na Espanha, os nomes que denotam os dois partidos políticos, *servil* e *liberal*, foram com certeza escolhidos por este último. O nome "protestante" foi escolhido pelos próprios, assim como evangélico: mas o nome herege foi escolhido pelos católicos. Isso vale para o nome das coisas também, quando são mais apropriados: por exemplo, se o adversário propôs uma mudança, é chamada de "inovação", pois é uma palavra é detestável. E inversamente, se nós tivermos feito a proposta. — No primeiro caso é a "ordem existente" que vale como termo oposto, enquanto no segundo é o "conservadorismo". — O que alguém completamente sem intenções e imparcial chamaria de "culto" ou "doutrina pública da fé", seria chamado por quem o defende de "piedade", "devoção", e seu adversário chamaria de "sectarismo", "superstição". Basicamente, esse é um sutil *petitio principii*: o que se quer demonstrar primeiro é incluído na palavra de antemão, na designação, da qual surge, então, por meio de um juízo puramente analítico. O que alguém denomina "internar uma pessoa", "levar sob custódia", chama-se a seu adversário "encarcerar". — Um orador muitas vezes trai sua intenção de antemão pelos nomes que dá às coisas. — Um diz "o clero", o outro "os padres". De todos os truques, este é o mais usado de forma instintiva. Fervor religioso = fanatismo. Passo em falso ou galantaria = adultério. Palavras ambíguas = indecências. Desarranjo = bancarrota. "Por

influência e relações" = "por suborno e nepotismo".
"Reconhecimento sincero" = "boa remuneração".

Estratagema 13

Para fazer com que aceite uma proposição, temos que lhe dar o oposto dela e deixar que ele escolha, mas temos que expressar o oposto de forma bastante deslumbrante, de modo que, para não cair em paradoxo, ele tenha que consentir com nossa proposição, que, em oposição, parece bastante provável. Por exemplo, ele deve admitir que alguém precisa fazer tudo o que seu pai lhe diz. Então, perguntamos: "Em todas as coisas se deve ser obediente ou desobediente aos nossos pais?" — Ou se dizemos que uma coisa é "frequente". Então, perguntamos se "frequente" deve ser entendido como poucos casos ou muitos. O adversário dirá "muitos". É como colocar o cinza ao lado do preto para poder chamá-lo de branco; e se você o colocar próximo ao branco, pode chamá-lo de preto.

Estratagema 14

É um truque afrontoso se, depois de várias perguntas que o adversário respondeu sem que as respostas tenham chegado à conclusão que pretendíamos, apresentamos e anunciamos de maneira triunfante a proposição demonstrada que queremos induzir, embora ela não decorra de forma alguma dessas respostas. Se o adversário for tímido ou estúpido, e a outra pessoa tiver muita insolência e uma boa voz, isso pode funcionar muito bem. Esse estratagema pertence à *fallacia non causae ut causae* (engano ao aceitar uma não razão como razão).

Estratagema 15

Se estabelecermos uma proposição paradoxal que não soubermos como comprovar, apresentamos ao adversário alguma proposição correta, mas não muito tangível, para aceitação ou rejeição, como se quiséssemos extrair evidências dela: se ele rejeita por suspeita, nós a levamos *ad absurdum* e triunfamos.

No entanto, se ele aceitar, é porque dissemos algo sensato de antemão, e veremos mais tarde. Ou adicionamos o estratagema anterior e afirmamos que nosso paradoxo foi provado a partir daí. Nesse momento, temos aí uma tremenda insolência, mas a experiência demonstra que acontece, e há pessoas que fazem tudo isso instintivamente.

Estratagema 16

Argumenta ad hominem ou *ex concessis*. Se o adversário fizer uma afirmação, temos que verificar se, de alguma forma, ela não está, se necessário nem que seja apenas na aparência, em contradição com algo que ele disse ou admitiu anteriormente, ou com as regras de uma escola ou seita que ele elogiou e aprovou, ou com as ações dos seguidores dessa seita, ou mesmo apenas os falsos e aparentes seguidores, ou com seus próprios feitos. Se ele defender, por exemplo, o suicídio, alguém imediatamente gritará: "Por que você não se enforca?" Ou se ele afirmar, por exemplo, que Berlim é uma cidade de estadia desconfortável, logo alguém gritará: "Por que você não parte com a primeira carruagem?" De qualquer forma, uma chicana poderá ser extraída.

Estratagema 17

Se o adversário nos pressiona com contraprovas, com frequência seremos capazes de nos salvar por uma distinção sutil na qual não tínhamos, evidentemente, pensado antes, se a questão admite um duplo significado ou um duplo caso.

Estratagema 18

Se notarmos que o adversário utilizou um argumento com o qual nos derrotará, não devemos deixar que o conduza até o fim, mas devemos interromper a tempo o curso da defesa da tese, evadindo-se ou desviando-se, e levar a outras formulações: em suma, realizar uma *mutatio controversiae*. (Cf. estratagema 29.)

Estratagema 19

Se o adversário nos pedir expressamente que apresentemos algo contra algum ponto específico de sua afirmação, mas não temos nada apropriado, devemos levar a questão até uma esfera geral e discursar contra ela. Devemos dizer por que uma determinada hipótese física não pode ser confiável. Assim, falaremos sobre a falácia do conhecimento humano e a explicaremos com todo tipo de casos.

Estratagema 20

Se perguntarmos ao adversário sobre as premissas, e ele as admitir, não precisamos pedir sua conclusão, mas sim extraí-la nós mesmos: ainda que esteja faltando uma ou outra premissa, nós a consideramos também como concedido e extrairemos uma conclusão. Estamos utilizando aqui de uma *fallacia non causae ut causae*.

Estratagema 21

No caso de enxergarmos um argumento meramente aparente ou sofístico do adversário, podemos, é verdade, resolvê-lo discutindo seu caráter capcioso e aparente. Só que é melhor rebatê-lo com um contra-argumento igualmente aparente e sofístico, e, assim, liquidá-lo. Porque não é a verdade que importa, mas a vitória. Por exemplo, se ele apresentar um *argumentum ad hominem*, basta usar um contra-argumento *ad hominem* (*ex concessis*): e, em geral, é mais breve dar um *argumentum ad hominem*, quando houver chance de fazê-lo, do que entrar em uma longa discussão sobre a verdadeira natureza da questão.

Estratagema 22

Se ele exigir que admitamos algo a partir do que surgiria imediatamente o problema em disputa, rejeitamos dizendo ser um *petitio principii*, pois ele e os ouvintes verão facilmente que uma proposição intimamente relacionada ao problema é idêntica ao problema e, assim, o privamos de seu melhor argumento.

Estratagema 23

A contradição e a disputa estimulam o exagero da afirmação. Podemos, portanto, estimular o adversário por meio da contradição a aumentar uma afirmação que é verdadeira por si mesma e nos limites adequados para além da verdade. E, quando refutarmos esse exagero, parecerá que também refutamos sua proposição original. Por outro lado, devemos ter cuidado para não nos deixarmos levar ao exagero ou à expansão adicional de nossa proposição por meio da contradição. Com frequência, também, o próprio adversário buscará diretamente estender nossa afirmação além do que fizemos. Devemos, então, detê-lo imediatamente e trazê-lo para aos limites fronteiriços de nossa afirmação com "Eu disse isso e nada mais".

Estratagema 24

Manobra de consequências. Forçar, a partir da proposição do adversário, por falsas conclusões e distorção dos conceitos, proposições que não estão nela nem representam a opinião do adversário, mas são absurdas ou perigosas, pois então parecerá que de sua proposição surgem tais proposições que ou contradizem a si mesmas ou a verdades reconhecidas. Isso é aplicável a uma refutação indireta, *apagoge;* e é de novo uma aplicação da *fallacia non causae ut causae.*

Estratagema 25

Trata-se da apagogia por meio de uma instância, *exemplum no contrarium*. A επαγωγη, *inductio*, requer uma grande quantidade de casos para estabelecer sua proposição geral; a απαγωγη precisa apresentar apenas um único caso ao qual a proposição não se encaixe para ser derrubado. Tal caso é chamado de instância, ενστασις, *exemplum in contrarium, instantia*. Por exemplo, a proposição: "Todos os ruminantes têm chifres" é derrubada pela instância única dos camelos. A instância é um caso de aplicação da verdade geral, algo a ser subsumido sob seu conceito principal, mas sobre o qual essa verdade não é válida e, portanto, fica completamente anulada. Porém, isso pode levar a equívocos. Temos, portanto, com as instâncias que o adversário apresenta, que considerar o seguinte: 1. se o exemplo for realmente verdadeiro, existem problemas cuja solução verdadeira e única é o caso não ser verdadeiro: por exemplo, muitos milagres, histórias de fantasmas etc.; 2. se realmente pertence ao conceito de verdade estabelecida, isso muitas vezes é apenas aparente e pode ser resolvido por meio de uma distinção nítida; 3. se realmente está em contradição com a verdade estabelecida, isso também, muitas vezes, é apenas aparente.

Estratagema 26

Um truque brilhante é o *retorsio argumenti*: quando o argumento que o adversário deseja usar para si pode ser mais bem usado contra ele. Por exemplo, ele diz: "É uma criança, é preciso lhe dar uma trégua"; *retorsio*: "Precisamente por ser criança, deve ser castigada para que os maus hábitos não se instalem nela."

Estratagema 27

Se o adversário ficar inesperadamente raivoso com uma discussão, deve-se insistir com avidez nesse argumento: não apenas porque é bom deixá-lo com raiva, mas porque se deve supor que isso tenha tocado o lado fraco de sua linha de pensamento e, nesse ponto, provavelmente há ainda mais coisas do que podíamos enxergar de antemão.

Estratagema 28

É aplicável principalmente quando estudiosos discutem diante de um público inculto. Se não temos um *argumentum ad rem* nem mesmo um *ad hominem*, faremos um *ad auditores*, ou seja, uma objeção inválida, cuja invalidade só pode ser reconhecida por um especialista. Esse especialista é o adversário, mas não os ouvintes, aos olhos desses ouvintes, portanto, ele parecerá derrotado, ainda mais se a objeção, de alguma forma, puser sua afirmação sob uma luz ridícula. As pessoas estão prontas para rir a todo momento, e teremos aqueles que riem ao nosso lado. Para demonstrar a nulidade da objeção, o adversário teria que apresentar um longo argumento e voltar aos princípios da ciência ou a outro assunto: não será ouvido facilmente.

Exemplo. O adversário diz que, durante a formação das montanhas primitivas, a massa a partir da qual o granito e todo o restante das montanhas primitivas se cristalizaram era líquida pelo calor, ou seja, fundida: o calor precisava estar em torno de 200° Ré,* e a massa cristalizou-se sob a superfície do mar que o cobria. — Nós fazemos o *argumentum ad auditores* que, àquela temperatura, com efeito, já muito antes dela, em 80° Ré, o mar teria fervido há muito tempo e pairado no ar como névoa. — Os ouvintes riem. Para nos vencer, ele teria que mostrar que o ponto de ebulição depende não apenas do nível de calor, mas também da pressão da atmosfera, e ela, assim que cerca de metade da água do mar estivesse flutuando na forma de uma névoa, aumentaria tanto

---

* Ré é uma medida de temperatura não mais usada. 1° Ré equivale a 1,25° Celsius. [N.T.]

que não haveria ebulição mesmo a 200 ° Ré. — Mas ele não chega a esse ponto, já que seria necessário um tratado para os não físicos.

Estratagema 29

Quando se percebe que será derrotado, se faz um desvio, ou seja, de repente se começa a falar de algo completamente diferente, como se aquilo pertencesse ao assunto e fosse um argumento contra o adversário. Isso acontecerá com algum recato, quando o desvio ainda se relaciona com o *thema quaestionis*, e descaradamente, quando se trata de atingir apenas o adversário e não diz absolutamente nada sobre o assunto.

Por exemplo, elogiei o fato de que não havia nobreza hereditária na China e que os cargos eram atribuídos apenas após os *examina*. Meu adversário afirmou que o saber capacitava para cargos tão pouco quanto os méritos do nascimento (que ele estimava). — Então, as coisas ficaram ruins para ele.

Imediatamente, fez o desvio, dizendo que todas as classes na China são punidas com bastonadas, o que ele associou ao consumo em excesso de chá, e censurou os chineses por ambas as coisas. — Quem se deixasse enredar por tudo isso, teria se desviado e abandonado uma vitória já conquistada.

O desvio é descarado quando abandona totalmente o assunto *quaestionis* [em questão] e começa algo como: "Sim, e então o senhor comentou há pouco que etc." Pois isso está em certa medida no âmbito de "levar ao pessoal", o que será discutido no último estratagema. A rigor, é uma etapa intermediária entre o *argumentum ad personam*, que será discutido nesse ponto, e o *argumentum ad hominem*.

Toda briga entre pessoas comuns mostra o quanto esse estratagema é, por assim dizer, inato: isto é, se um lança acusações pessoais ao outro, este último não responde refutando-os, mas por meio de acusações pessoais que faz ao primeiro, abandonando, assim, aquelas que foram feitas contra ele e, por assim dizer, acaba as admitindo. Faz como Cipião, que atacou os cartagineses não na Itália, mas na África.

Esse desvio pode ser útil em tempos de guerra. É ruim nas brigas porque as acusações recebidas são abandonadas, e o ouvinte acaba conhecendo tudo o que há de ruim das duas partes. Na discussão, ela é útil apenas *faute de mieux* [na ausência de coisa melhor].

Estratagema 30

O *argumentum ad verecundiam* (apelo à autoridade). Em vez de razões, são necessárias autoridades de acordo com os conhecimentos do adversário. *Unusquisque mavult credere quam judicare* (todos preferem acreditar a julgar), diz Sêneca [*De vita beata*, I, 4]; temos um jogo fácil, portanto, quando temos ao nosso lado uma autoridade que o adversário respeita. No entanto, haverá autoridades mais válidas para ele quanto mais limitados forem seus conhecimentos e habilidades. Se elas forem de primeira classe, haverá, para ele, pouquíssimas autoridades ou quase nenhuma. No máximo, aceitará as das pessoas do ramo em uma ciência, arte ou ofício que ele tenha pouco ou nenhum conhecimento, e, assim mesmo, com desconfiança. As pessoas comuns, por outro lado, têm um profundo respeito por todo tipo de especialistas. Não sabem que quem exerce uma profissão não a ama, mas sim à sua remuneração, nem que quem ensina uma coisa raramente a conhece nas minúcias, pois quem a estuda a fundo geralmente não tem tempo para ensinar. Apenas para o *vulgus* existem muitas autoridades que merecem respeito. Não havendo, assim, nenhuma autoridade totalmente adequada, usa-se uma adequada aparentemente, citando o que alguém disse em um sentido ou em circunstâncias diferentes. Em geral, autoridades que o adversário não entende funcionam muito mais. Pessoas incultas têm um respeito peculiar por frases de efeito gregas e latinas. Se necessário, é possível não apenas distorcer as autoridades, mas realmente falsificá-las, ou mesmo citar algumas que são inteiramente inventadas. Na maioria das vezes, o adversário não tem o livro em mãos, nem saberia como manuseá-lo, caso o tivesse. O mais belo exemplo disso é dado pelo cura francês que, para não pavimentar a rua diante de sua casa, como fizeram os demais cidadãos, mencionou um ditado bíblico: *paveant illi, ego non pavebo* (que tremam, não tremerei). Isso convenceu os chefes do conselho municipal. Os preconceitos gerais também podem ser usados como autoridades. Pois a maioria pensa com Aristóteles: ἃ μεν πολλοις δοκει ταυτα γε εινει–φφαμεν [O que parece certo para muitos, dizemos que é]. Sim, não há uma opinião, por mais absurda que seja, de que as pessoas não se apropriem com facilidade, uma vez que tenham sido persuadidas de que ela é geralmente aceita. O exemplo atua tanto sobre seu pensamento, quanto sobre suas ações. São ovelhas que seguem o mestre para onde quer que ele conduza: para elas é mais fácil morrer do que pensar. É muito estranho que a generalidade de uma opinião tenha tanto peso para elas, visto que podem ver em si mesmas como as opiniões são aceitas sem critério e apenas em virtude do exemplo. Mas não veem isso porque carecem de todo o autoconhecimento. — Apenas os escolhidos dizem com Platão:

τοις πολλοις πολλα δοκει (Muitos têm muitas opiniões), ou seja, o *vulgus* tem um monte de bobagens na cabeça, e se quiséssemos lhe dar atenção, teríamos muito a fazer.

Falando sério, a generalidade de uma opinião não é prova, nem mesmo motivo probabilístico, de sua veracidade. Aqueles que o afirmam devem presumir 1. que a distância no tempo rouba da generalidade seu valor probatório, do contrário, teriam que lembrar todos os antigos erros que antes eram geralmente considerados verdades de forma geral: teriam de restabelecer o sistema ptolomaico, por exemplo, ou o catolicismo em todos os países protestantes; 2. que a distância no espaço tem o mesmo efeito: do contrário, embaraçará a generalidade da opinião daqueles que professam o budismo, o cristianismo e o islamismo. (Segundo Bentham, *Tactique des assemblées législatives*, vol. II, p. 76.)

O que é chamado de opinião geral, em perspectiva, é a opinião de duas ou três pessoas; e estaríamos convencidos disso se pudéssemos observar a maneira como surge uma tal opinião geralmente válida.

Descobriríamos, então, que foram duas ou três pessoas que primeiro assumiram ou estabeleceram e afirmaram tal opinião, e que outros tiveram a gentileza de confiar que aquelas a haviam examinado com todo cuidado: segundo o prejulgamento da capacidade suficiente destes, alguns outros a aceitaram em primeiro lugar. E acreditaram nesses, por sua vez, muitos outros, cuja indolência os aconselhou ser melhor crer logo em vez de examinar minuciosamente. Assim, o número de seguidores indolentes e crédulos cresceu dia após dia, pois a opinião tinha um bom número de vozes a seu favor, e os seguintes atribuíram isso ao fato de que só poderiam tê-la obtido pela sonoridade de seus motivos. Os restantes se viram, neste momento, forçados a aceitar o que era geralmente aceito para não serem vistos como mentes inquietas que se revoltam contra opiniões geralmente válidas, nem como gente intrometida que quer ser mais inteligente que todo o mundo. Nesse momento, o consentimento se tornou obrigatório. A partir de então, os poucos que são capazes de discernir devem se calar: e os que podem falar são aqueles completamente incapazes de ter opiniões e discernimento, simples ecos da opinião alheia; no entanto, a defendem de modo ainda mais ardoroso e intolerante. Pois não odeiam, na outra forma de pensar, apenas a outra opinião que é professada, mas principalmente a ousadia de querer julgar por si mesmo, o que eles próprios nunca empreendem, sendo cientes disso, silenciosamente, para consigo mesmos. — Em suma, muito poucos conseguem pensar, mas todos querem ter opiniões: o que resta senão aceitá-las totalmente prontas de outros em vez de fazê-las por si mesmos? — Se as coisas funcionam assim, quanto vale a voz de centenas de milhões de pessoas? — Tanto quanto um fato histórico, por exemplo, que é encontrado em cem historiadores, mas que, *a posteriori*, se prova que todos copiaram uns dos outros, pelo que, ao final, tudo retorna à declaração de uma só pessoa. (Segundo Bayle, *Pensées sur les Comètes,* vol. I, p. 10.)

> *Dico ego, tu dicis, sed denique dixit et ille:*
> *Dictaque post toties, nil nisi dicta vides.*

(Eu digo, tu dizes, finalmente aquele também diz: Se já disseram tantas vezes, resta a ser visto apenas o que foi dito.)

Não obstante, a opinião geral pode ser usada como uma autoridade em disputas com pessoas comuns.

Em geral, descobriremos que, quando duas cabeças comuns discutem uma com a outra, a arma escolhida por eles são autoridades, e com elas se atacam. — Se a cabeça melhor precisa se ver com uma dessas, o mais aconselhável é que use também essa arma e a escolha de acordo com os pontos fracos do adversário. Pois este, *ex hypothesi*, um Siegfried chifrudo, é contra a arma dos motivos, imerso que está na torrente da incapacidade de pensar e julgar. Em um tribunal, na verdade, há apenas uma disputa com autoridades, a autoridade da lei, rigidamente estabelecida: o negócio da faculdade do juízo é encontrar a lei, ou seja, a autoridade que se aplica ao caso em questão. A dialética, entretanto, tem espaço de jogo suficiente, na medida em que, caso necessário, o caso e uma lei que não se adequam propriamente um ao outro sejam contorcidos até que se considere adequados um ao outro, e vice-versa.

Estratagema 31

Onde não se souber como argumentar contra as razões apresentadas pelo adversário, a gente se declara, com ironia sutil, incompetente: "O que o senhor diz está além da minha débil capacidade de compreensão: pode estar muito correto, mas não consigo entender, e abico de qualquer julgamento". — Desse modo, insinua-se aos ouvintes que, nos têm em alta conta, que o exposto pelo outro é um absurdo. Quando surgiu a *Crítica da razão pura*, ou melhor, quando começou a causar sensação e agitação, muitos professores da velha escola eclética declararam "não entendê-la" e acreditaram que, com isso, a haviam desacreditado. No entanto, quando alguns seguidores da nova escola mostraram aos professores que estes tinham razão e que realmente não haviam entendido, eles ficaram muito mal-humorados.

Esse estratagema só pode ser usado quando houver certeza de decididamente ter mais estima entre o público do que o adversário: por exemplo, um professor contra um aluno. Na realidade, esse procedimento está contido no estratagema anterior e é uma afirmação particularmente maliciosa da própria autoridade, em vez de oferecer motivos. — A manobra oposta é: "Permita-me comentar que, com seu grande discernimento, deve lhe ser fácil entender, e só pode ser culpa da minha má apresentação" — e então esfregar a questão na fuça do outro de tal forma que ele a deve entender *nolens volens* e ter claro que antes realmente não a havia compreendido. — Assim se retorque o argumento: ele queria insinuar "absurdo" de nossa parte, nós provamos sua "incompreensão". Ambos com a mais bela cortesia.

Estratagema 32

Podemos remover ou pelo menos tornar suspeita uma afirmação contraditória do adversário de uma forma rápida ao colocá-la sob uma categoria odiada, mesmo que seja apenas por uma semelhança ou, senão, por vaga relação: por exemplo, "isso é maniqueísmo, arianismo, pelagianismo, idealismo, espinosismo, panteísmo, brownianismo, naturalismo, ateísmo, racionalismo, espiritualismo, misticismo etc.". Assim, supomos duas coisas: 1. que essa afirmação é realmente idêntica a essa categoria ou pelo menos está contida nela, então exclamamos: "Ah, mas já sabemos disso!"; e 2. que esta categoria já foi completamente refutada e não poderia conter nenhuma palavra verdadeira.

Estratagema 33

"Isso pode ser verdadeiro em teoria; na prática, é falso." — Por meio desse sofisma, admitimos as razões, mas negamos as consequências; contrariando a regra *a ratione ad rationatum valet consequentia* [da razão ao efeito, a consequência é imperativa]. Essa afirmação põe uma impossibilidade: o que é correto na teoria também deve sê-lo na prática; se não o é, há um equívoco na teoria, algo foi esquecido e não considerado e, por conseguinte, também é falso na teoria.

Estratagema 34

Se o adversário não dá uma resposta, direta ou não, a uma pergunta ou argumento, mas se evade com outra pergunta ou uma resposta indireta, ou ainda com algo que não diz respeito ao assunto e deseja seguir por outro caminho, este é um sinal claro de que nós (às vezes sem saber) chegamos a um ponto fraco: um silêncio relativo da parte dele. O ponto sugerido por nós deve, portanto, ser instado, e não devemos deixar se retirar, mesmo quando ainda não vemos em que realmente consiste a fraqueza que encontramos no momento.

Estratagema 35

Tão logo seja praticável, este estratagema prescinde de todo o resto: em vez de agir sobre o intelecto por motivos, trabalhamos sobre a vontade por motivações, e o adversário, assim como os ouvintes, se tiverem o mesmo interesse que ele, são imediatamente conquistados pela nossa opinião, ainda que seja emprestada de um hospício, pois meia onça de vontade em geral pesa mais do que um quintal de discernimento e convicção. Claro, isso só é possível em circunstâncias especiais. Se alguém puder fazer o adversário sentir que sua opinião, se fosse válida, prejudicaria visivelmente seu interesse, ele a abandonará tão rápido quanto um ferro quente que agarrou sem intenção nenhuma. Por exemplo, um eclesiástico está defendendo um dogma filosófico: se fizermos com que perceba que este contradiz indiretamente um dogma basilar de sua igreja, ele o abandonará.

Um proprietário de terras afirma a excelência da engenharia mecânica na Inglaterra, onde uma máquina a vapor faz o trabalho de muita gente: se fizermos com que ele entenda que as carroças em breve também serão puxadas por máquinas a vapor, fazendo com que os preços dos cavalos em seus diversos haras despencarão, veremos o que acontecerá. Nesses casos, o sentimento de todos geralmente é: *"Quam temere in nosmet legem sancimus iniquam"* [O quanto tememos sancionar uma lei que se põe contra nós mesmos].

Do mesmo modo ocorre quando os ouvintes pertencessem a mesma seita, guilda, comércio, clube etc. que nós, mas não o adversário. Mesmo que sua tese esteja correta, assim que insinuarmos que ela contraria o interesse comum da referida guilda etc., todos os ouvintes considerarão os argumentos do adversário, mesmo que sejam excelentes, fracos e patéticos; por outro lado, os nossos, ainda que sejam apenas imaginados, eles considerariam certos e apropriados, o coro em nosso favor seria ouvido bem alto e o adversário se retiraria de campo envergonhado. Claro, na maioria das vezes os ouvintes acreditarão que concordaram por pura convicção. Pois o que nos é desfavorável na maioria das vezes parece absurdo ao intelecto. *Intellectus luminis sicci non est recipit infusionem a voluntate et affectibus* (O intelecto não é uma luz que queima sem óleo, mas se alimenta das paixões). Este estratagema pode ser chamado de "agarrar a árvore pela raiz": geralmente é chamado *argumentum ab utili*.

Estratagema 36

Confundir ou deixar o adversário atônito com palavreado sem sentido. Consiste no fato de que "normalmente a pessoa acredita, ao ouvir apenas palavras, que ali também deve haver algo a se pensar". Se, então, a pessoa estiver silenciosamente ciente de sua própria fraqueza, se está acostumado a ouvir muitas coisas que não entende e ainda assim finge entender, podemos impressioná-la, conversando seriamente com ela algum absurdo que pareça erudito ou profundo, diante do qual perderá a capacidade de ouvir, ver e pensar e dispensará a prova mais inequívoca de sua tese. Como se sabe, nos últimos tempos, até mesmo perante todo o público alemão, alguns filósofos usaram esse estratagema com o mais brilhante sucesso. Mas como são *exempla odiosa*, vamos tomar um exemplo mais antigo de [Oliver] Goldsmith, *The Vicar of Wakefield:*

— Certo, Frank! — gritou o escudeiro. — Que eu engasgue com este copo se uma moça bonita não vale mais que todos os sacerdotes da criação. O que são seus dízimos e truques, senão um embuste, uma fraude muito demoníaca? E posso prová-lo.

— Gostaria que provasse — gritou meu filho, Moisés — e acho — continuou ele — que estou em condições de contradizê-lo.

— Excelente, meu senhor — gritou o escudeiro, troçando dele sem cerimônia e lançando uma piscadela aos outros ali presentes para que nos preparássemos para a brincadeira.

— Se deseja debater com frieza sobre o assunto, estou pronto para aceitar o desafio. E, em primeiro lugar, o senhor prefere tratar o assunto de modo analógico ou dialógico?

— Prefiro tratar de modo racional — retrucou Moisés, muito feliz por ter encontrado oportunidade de discutir.

— Bom — falou o escudeiro. — E primeiramente, em primeiro lugar, assim espero, o senhor não negará que tudo o que é, é. Se não admitir isso, não poderei continuar.

— Ora — respondeu Moisés —, acho que posso admiti-lo e tirar disso grande vantagem.

— Assim espero também — respondeu o outro — que admita que uma parte é menor que o todo.

— Também admito — respondeu Moisés. — É certo e razoável.

— Espero — vozeou o escudeiro — que não negue que os três ângulos de um triângulo são iguais a dois retos.

— Nada pode ser mais claro — respondeu o outro, olhando ao redor com sua importância de costume.

— Ótimo — exclamou o escudeiro, falando muito rapidamente —, uma vez que as premissas estão, portanto, definidas, prossigo para a observação de que a concatenação das existências que são em si, progredindo numa proporção recíproca duplicada, cria naturalmente um dialogismo problemático, que prova, em certa medida, que a essência da espiritualidade deve ser relacionada ao segundo *praedicabile*.

— Pare, pare — bradou o outro —, isso eu nego. Acha que eu posso me submeter dócil a tais doutrinas heterodoxas?

— O quê? — retrucou o escudeiro, como se estivesse irritado. — Não se submeter! Responda-me a uma única pergunta clara. Acredita que Aristóteles tem razão quando diz que os *relativa* estão relacionados?

— Sem dúvida — respondeu o outro.

— Se assim for — exclamou o escudeiro —, responda precisamente à minha pergunta: o senhor considera insuficiente a investigação analítica da primeira parte do meu entimema *secundum quoad* ou *quoad menos*? E me esclareça seus princípios imediatamente.

— Recusarei — bradou Moisés —, pois não entendo muito bem o que sua exposição tenta provar. Mas, se for reduzida a uma única e simples afirmação, penso que poderia encontrar uma resposta.

— Ó, meu senhor — exclamou o escudeiro —, sou seu servo mais devotado, mas percebo que deseja que eu lhe forneça argumentos e também compreensão. Não, senhor, eu protesto, pois o senhor é muito difícil para mim.

Isso provocou uma gargalhada sonora ao pobre Moisés, que era a única figura infeliz em um grupo de rostos satisfeitos. Ele não pronunciou nenhuma sílaba mais durante toda a conversa. [Do capítulo 7.]

Estratagema 37

(Que deveria ser um dos primeiros.) Se o adversário também tem razão na questão, mas felizmente escolhe uma prova ruim para si, então podemos facilmente refutar essa prova de modo a fazer uma refutação da questão inteira. Basicamente, isso se resume ao fato de apresentarmos um *argumentum ad hominem* como um *ad rem*. Se não ocorrer ao adversário ou aos espectadores provas mais corretas, nós venceremos. — Por exemplo, se alguém apresenta o argumento ontológico para a existência de Deus, ele será bem refutável. Dessa forma, os advogados ruins perdem uma boa causa: querem justificá-las por uma lei que não se adequa e não conseguem pensar na que é adequada.

Último estratagema

Se percebermos que o adversário é superior e não conseguiremos ter razão, então levamos para o âmbito pessoal, insultuoso, grosseiro. Levar para o pessoal consiste em se afastar do objeto da disputa (porque se perdeu o jogo) e atacar a pessoa do adversário de alguma forma: é possível chamar de *argumentum ad personam,* em contraste com o *argumentum ad hominem,* que se afasta da questão puramente objetiva para aderir ao que o adversário disse ou admitiu com relação a ele. No entanto, ao se levar para o pessoal, abrimos inteiramente mão do objeto e voltamos o ataque à pessoa do adversário, tornando-nos insultuosos, maliciosos, ofensivos, grosseiros. É um apelo das forças do intelecto às do corpo, ou à bestialidade. Essa regra é muito popular porque qualquer pessoa pode lançar mão dela, e com frequência ela é usada. A questão agora é saber qual contrarregra valeria para a outra parte. Pois se o adversário quiser usá-la também, haverá uma luta, um duelo ou um processo por injúria. Seria muito errado se pensássemos que bastaria que nós mesmos levássemos ao pessoal. Porque, ao mostrarmos a alguém com toda a calma que ele não tem razão e, portanto, que julga e pensa falsamente, o que é o caso em toda vitória dialética, nós o amarguraremos mais do que com uma expressão grosseira, insultuosa. Por quê? Porque, como diz [Thomas] Hobbes, em *De Cive*, no cap. 1: *Omnis animi voluptas, omnisque alacritas in eo sita est, quod quis habeat, quibuscum conferens se, possit magnifice sentire de seipso* (Todo prazer do coração e toda alegria consiste em ter pessoas em comparação com as quais é possível ter um alto conceito de si mesmo).

Nada é melhor para uma pessoa do que a satisfação de sua vaidade e nenhuma ferida dói mais que aquela que atinge esse sentimento. (Daí surgem expressões como "A honra é mais importante que a vida" etc.) Esta satisfação da vaidade surge principalmente da comparação de alguém com os outros, em todos os aspectos, mas principalmente em relação às capacidades intelectuais. É o que acontece de maneira *eficaz* e com muita força na discussão. Vem daí a amargura do vencido, sem que tenha ocorrido nenhuma injustiça para com ele, levando-o, assim, a recorrer, em última instância, a este último estratagema, do qual não é possível escapar com mera cortesia. Muito sangue-frio também pode, no entanto, ajudar aqui, ou seja, quando se responde com calma, assim que o adversário levar para o pessoal, que isso não pertence à presente questão, e imediatamente voltamos ao assunto e continuamos a provar sua falta de razão, sem dar atenção a seus insultos, como diz Temístocles a Euribíades: παταξον μεν, ακουσον δε [Bata-me, mas me ouça]. Porém, este não é o caso para todos.

A única contrarregra segura é, assim, aquela que Aristóteles já escreveu no último capítulo de *Tópicos*:

não discutir com o primeiro que encontrar, mas apenas com aqueles que se conhece e dos quais se sabe que têm entendimento suficiente para não inventar algo absurdo e, portanto, se envergonhar por isso; e discutir com motivos e não com autoritarismos, ouvindo e dando atenção aos motivos; e, por fim, pessoas que apreciam a verdade, que gostam de ouvir bons motivos, inclusive da boca do adversário, e têm equanimidade suficiente para conseguir suportar estarem errados quando a verdade está do outro lado. A consequência é que, em cem, mal existe um com quem vale a pena discutir. No que tange ao restante das pessoas, que se deixe falar o que quiserem, pois *desipere est juris gentium* (ser ignorante é um direito humano), e consideremos o que diz Voltaire: *La paix vaut encore mieux que la vérité* (A paz vale mais que a verdade), e um provérbio árabe: "O fruto da paz pende da árvore do silêncio."

Entretanto, discutir, como fricção de cabeças, em geral é mutuamente benéfico para corrigir os próprios pensamentos e gerar novos pontos de vista. Porém, ambos os discutidores devem ser bem próximos em erudição e espírito. Se faltar a um a primeira, ele não entenderá tudo, não estará *au niveau*. Se lhe faltar o segundo, a amargura resultante daí o levará à desonestidade, a truques [ou] à grosseria.

(1830)

ANEXO

Fragmento
A parte restante deste fragmento provavelmente foi concebida como uma introdução.

I

Lógica e dialética[14] já eram usadas como sinônimos pelos antigos, embora λογιζεσθαι, repensar, refletir, calcular, e διαλεγεσθαι, conversar, sejam duas coisas muito diferentes. O nome dialética (διαλεκτικη, διαλεκτικη πραγματεια [confirmação dialética], διαλεκτικος ανηρ [homem dialético]), foi usado pela primeira vez por

Platão (como reporta Diógenes Laércio): e encontramos que no *Fedro*, no *Sofista*, em *A República* VII etc., ele a entende como o uso regular da razão e a proficiência nela. Aristóteles utiliza τα διαλεκτικα no mesmo sentido, mas (segundo Laurentius Valla) ele teria usado primeiramente λογικη no mesmo sentido: encontramos nele λογικας δυσχερειας, ou seja, *argutias* [dificuldades lógicas], προτασιν λογικην [premissas lógicas], απομιαν λογικην [aporias lógicas]. Como consequência, διαλεκτικη seria mais antigo que λογικη. Cícero e Quintiliano usam o mesmo significado geral *Dialética* [e] *Lógica*. Cícero comenta, em *Lucullo: Dialecticam inventam esse, veri et falsi quasi disceptatricem*. [A dialética foi inventada, por assim dizer, para decidir entre o verdadeiro e o falso.] — *Stoici enim judicandi vias diligenter persecuti sunt, ea scientia, quam Dialecticen appellant* [Pois os estoicos seguiram cuidadosamente os métodos de julgamento, com auxílio da ciência que chamam de dialética], Cícero, *Tópicos*, cap. 2 — Quintiliano: *itaque haec pars dialecticae, sive illam disputatricem dicere malimus* [vem daí esta parte da dialética ou, como preferiríamos dizer, a arte da decisão]: esta lhe parece ser, portanto, o equivalente latino de διαλεκτικη. (Até aqui seguiu-se *Petri Rami dialectica, Audomari Talaei praelectionibus illustrata*, 1569.) Esse uso das palavras lógica e dialética como sinônimos foi preservado na Idade Média e nos tempos modernos, até hoje. No entanto, em tempos recentes, especialmente em Kant, "dialética" tem sido usada com mais frequência em um sentido pejorativo como "arte sofística da disputa" e, assim, o termo "lógica" tem sido preferido como mais ilibado. No entanto, ambas significam a mesma coisa e, nos últimos anos, têm voltado a ser vistas como sinônimos.

II

É uma pena que, tendo sido usadas como sinônimos desde os tempos antigos, não me veja totalmente livre, portanto, para separar os significados de "dialética" e "lógica" como, caso contrário, gostaria, e definir "lógica" (de λογιζεσθαι, refletir, calcular — de λογος, palavra e razão, que são inseparáveis) como "a ciência das leis do pensamento, isto é, do modo de proceder da razão" — e "dialética" (de διαλεγεσθαι, conversar: toda conversa comunica, contudo, fatos ou opiniões, ou seja, é histórica ou deliberativa) como "a arte de discutir" (*disputieren*, disputar, palavra alemã que no seu sentido moderno significa discutir, defender uma tese). — Evidentemente, a lógica tem um objeto puro *a priori*, determinável sem interferência empírica: as leis do pensamento, o processo da razão (do λογος), que esta segue, abandonada à sua própria sorte e imperturbável, portanto, no pensamento solitário de um ser racional, que não seria iludido por nada. A dialética, por outro lado, trataria da comunhão de dois seres racionais que, por consequência, pensam juntos, de modo que se rapidamente não entram em acordo como dois relógios sincronizados, logo se torna uma discussão, uma disputa, ou seja, uma batalha intelectual. Fossem razão pura, ambos os indivíduos teriam que concordar. Suas divergências surgem da diversidade, que é essencial para a individualidade e, portanto, um elemento empírico. A lógica, a ciência do pensamento, isto é, o processo da razão pura, seria, portanto, capaz de ser construída puramente *a priori*; a dialética, em grande parte, apenas *a posteriori* a partir do conhecimento empírico das perturbações que o pensamento puro sofre pela diversidade da individualidade quando dois seres racionais pensam juntos e pelos meios que os indivíduos usam um contra o outro para fazer com que seu pensamento individual seja afirmado como puro e objetivo. Porque a natureza humana implica que, ao pensarmos juntos, διαλεγεσθαι, ou seja, comunicarmos opiniões (exceto as discussões históricas), A percebe que os pensamentos de B sobre o mesmo objeto diferem dos seus, não revisa primeiro seu próprio pensamento para corrigir o erro, mas pressupõe que este esteja no pensamento de outras pessoas, ou seja, o ser humano quer, por sua natureza, ter razão; e o que se segue dessa característica é o que ensina a disciplina que eu gostaria de chamar de dialética, mas chamarei de "dialética erística" para evitar mal-entendidos. Ela seria, por conseguinte, a doutrina do modo de proceder, natural do ser humano, de ter razão.

NOTAS

1

Os antigos usavam a lógica e a dialética como sinônimos, tanto quanto os modernos.

2

Erística seria apenas uma palavra mais dura para a mesma coisa. Aristóteles (segundo *Diógenes Laércio*, V, 28) reuniu retórica e dialética, cujo objetivo é a persuasão, το πιθανον; em seguida, a analítica e a filosofia, cuja finalidade é a verdade. — Διαλεκτικη δε εστι τεχνη λογων, δι ής ανασκευαζσμεν τι η κατασκευαζςμεν, εξ ερωτησεως και αποκρισεως των προσδιαλεγομενων [A dialética é uma arte do discurso pela qual contestamos ou provamos algo por meio de perguntas e respostas dos interlocutores], *Diógenes Laércio*, III, em *Vita Platonis*. — Aristóteles distingue 1. a lógica ou a analítica como a teoria ou instrução para se chegar às conclusões verdadeiras, apodíticas; 2. a dialética ou instrução para se chegar àquelas conclusões válidas que são consideradas verdadeiras, que valem correntemente como verdadeiras — ενδοξα, *probabilia (Tópicos,* I, 1 e 12) —, ainda que não seja acordado que sejam falsas, mas nem que são verdadeiras (em si e por si), pois não é isso que importa. Mas o que há de diferente nisso da arte de ter razão, independentemente de, em princípio, se ter ou não razão? Portanto, a arte de se conseguir uma aparência de verdade, independentemente da questão. Portanto, como dito no início, Aristóteles divide as conclusões em lógicas, dialéticas, como há pouco foi comentado, e então; 3. em erísticas (erística), na qual a forma de conclusão é correta, mas as próprias proposições, a matéria, não são verdadeiras, mas apenas parecem verdadeiras, e, por fim, 4. em sofísticas (sofística), em que a forma de conclusão é falsa, ainda que pareça verdadeira. Na verdade, todos os três últimos tipos pertencem à dialética erística, uma vez que todos se baseiam não na verdade objetiva, mas na sua aparência, sem preocupação com aquela mesma, objetivando apenas ter razão. O livro sobre as conclusões sofísticas também só foi editado mais tarde: foi o último livro da dialética.

3

Maquiavel prescreve ao príncipe usar cada momento de fraqueza de seu vizinho para atacá-lo, pois, caso contrário, ele poderá usar o momento em que aquele está fraco. Seria diferente se a lealdade e a honestidade prevalecessem. Mas como não é possível prevê-las, não se pode praticá-las, porque trazem má recompensa. Acontece a mesma coisa com os debates: se eu concordar com o adversário tão logo ele pareça ter razão, dificilmente será o caso quando for o contrário; em vez disso, ele procederá *per nefas*: portanto, eu também devo agir assim. É fácil dizer que só se deve buscar a verdade sem qualquer preferência pela proposição, mas não se deve presumir que o outro fará o mesmo. Portanto, também não se deve agir assim. Além disso, caso eu, quando ele me parecer com razão, quiser desistir da proposição sobre a qual eu havia refletido de antemão, o que pode facilmente acontecer é que, ludibriado por uma impressão momentânea, eu desista da verdade para aceitar o erro.

4

Doctrina sed vim promovet insitam.

5

E, por outro lado, no livro *De elenchis sophisticis*, ele tenta novamente com muito empenho separar a dialética da sofística e da erística: a diferença supostamente reside no fato de que as conclusões dialéticas são verdadeiras na forma e no conteúdo, mas serem falsas as erísticas ou sofísticas (que diferem apenas na finalidade, que nas primeiras [erísticas] é o ter razão, nas últimas [sofísticas] o que proporciona de prestígio por meio delas e o dinheiro a ser ganho com elas). É sempre muito incerto saber se as proposições são verdadeiras quanto ao conteúdo para serem usadas como base para diferenciação; e quem discute pode estar completamente certo nesse sentido. Mesmo o resultado da discussão fornece apenas uma informação incerta sobre esse quesito. Devemos, portanto, incluir a sofística, a erística e a peirástica na dialética de Aristóteles e defini-las como a habilidade de ter razão na disputa: o maior auxílio, evidentemente, é ter razão na questão antes de mais nada, mas por si só isso não é suficiente, dada a mentalidade do ser humano e, em contrapartida, não é absolutamente necessário dada a fraqueza de seu entendimento. Portanto, serão necessários outros estratagemas que, precisamente por serem independentes do fato de se ter, objetivamente, razão, também podem ser usados se estivermos objetivamente equivocados: e quase nunca saberemos com certeza se esse é o caso. Portanto, do meu ponto de vista, a dialética deve ser separada mais nitidamente da lógica do que Aristóteles fez, deixando para a lógica a verdade objetiva, na medida em que ela é formal, e restringindo a dialética ao ter razão; em contrapartida, não se deve separar a sofística e a erística da dialética como faz Aristóteles, pois essa diferença se baseia na verdade material e objetiva sobre a qual não podemos ter certeza de antemão. Ao contrário, precisamos falar com Pôncio Pilatos: o que é a verdade? Porque *veritas est in puteo*: εν βυθῳ ἡ αληθεια [A verdade está nas profundidades]: máxima de Demócrito, em *Diógenes Laércio*, IX, 72. É fácil dizer que, numa altercação, não se deve buscar nada além de trazer a verdade à luz, mas ainda não sabemos onde ela está: somos enganados pelos argumentos do adversário e pelos nossos próprios. A propósito, *re intellecta, in verbis simus faciles* [Se o assunto for bem entendido, queremos torná-lo fácil pelas palavras]: como o nome dialética de forma geral é considerado sinônimo de lógica, chamaremos nossa disciplina *dialectica eristica,* a dialética erística.

6

Sempre é preciso separar o objeto de uma disciplina do de todas as outras.

7

Os conceitos podem, no entanto, ser agrupados em certas classes, como gênero e espécie, causa e efeito, propriedade e seu oposto, posse e falta, entre outros; e algumas regras gerais se aplicam a essas classes: essas são os *loci,* τοποι. Por exemplo, um *locus* de causa e efeito é: "A causa da causa é a causa do efeito" [Christian Wolff, *Ontologia,* § 928]; aplicação: "A causa da minha felicidade é a minha riqueza. Então, aquele que me deu riqueza também é causa da minha felicidade." *Loci* de opostos: 1. São mutuamente exclusivos, por exemplo, reto e torto. 2. Estão no mesmo sujeito: por exemplo, o amor tem sua sede na vontade (επιϑυμητικον), então o ódio também o tem. — Mas se ele está na sede do sentimento (ϑυμοειδες), então o amor também está. — Se a alma não pode ser branca, também não pode ser preta. 3. Se falta o nível inferior, falta também o superior; se uma pessoa não é justa, também não é benevolente. — É possível ver, a partir daí, que os *loci* são certas verdades gerais que satisfazem a classes inteiras de conceitos, aos quais é possível voltar em casos individuais que surgirem a fim de extrair deles argumentos, e também a fim de lançar mão deles como universalmente óbvios. No entanto, a maioria deles é muito enganosa e sujeita a muitas exceções: por exemplo, um *locus* é: coisas opostas têm relações opostas, por exemplo, a virtude é bela, o vício é feio. — A amizade é benevolente, a inimizade é malevolente. — Mas: o desperdício é um vício, então a avareza é uma virtude; os tolos dizem a verdade, por isso os sábios mentem: não funciona. A morte é perecer, então a vida é surgimento: falso. Exemplo do engano de tais *topi:* Escoto Erígena, no livro *De praedestinatione* (cap. 3), quer refutar os hereges que supunham em Deus duas *praedestinationes* (um dos eleitos para a salvação, outra dos réprobos para a danação) e usa para tanto o seguinte *topus* (sabe-se lá Deus tomado de onde): *"Omnium, quae sunt inter se contraria, necesse est eorum causas inter se esse contrarias; unam enim eandemque causam diversa, inter se contraria efficere ratio prohibet."* [Tudo que se opõe mutuamente precisa de causas opostas mutuamente, pois a razão proíbe que uma única e mesma causa produza efeitos diferentes e mutuamente opostos.] Muito bem! — mas *experientia docet* [a experiência ensina] que o mesmo calor torna a argila dura e a cera macia, e uma centena de coisas assim. E, ainda assim, o *topus* parece plausível. Mas ele monta calmamente sua demonstração sobre esse *topus*, que não nos diz mais respeito — Bacon de Verulâmio compilou uma coleção inteira de *loci* com suas refutações sob o título *Colores boni et mali*. Devem ser usados aqui como exemplos. Ele os chama de *sophismata*. Um *locus* também pode ser visto como o argumento pelo qual Sócrates, em *O banquete*, prova o oposto de Agatão, que atribuiu ao amor todas as qualidades excelentes, beleza, bondade etc.: "Busca-se o que não se tem: bem, o amor procura o belo e o bom, por isso não os tem". Existe algo de óbvio no fato de que existem certas verdades gerais que podem ser aplicadas a tudo e por meio das quais é possível decidir todos os casos ocorridos individualmente, por mais diversos que sejam, sem entrar em detalhes sobre suas especificidades. (A lei de compensação é um *locus* muito bom.) Só que não funciona, precisamente porque os conceitos surgiram pela abstração das diferenças e, portanto, compreendem as coisas mais heterogêneas, que ressurgem quando as coisas individuais dos mais diversos tipos são reunidas por meio dos conceitos e uma decisão só é tomada de acordo com os conceitos superiores. É natural ao ser humano, mesmo durante uma discussão, ficar atrás de algum *topus* geral quando é pressionado. *Loci* são também *lex parsimoniae naturae* [lei da parcimônia da natureza] e *natura nihil facit frustra* [a natureza não faz nada em vão]. — Sim, todos os provérbios são *loci* com tendência prática.

8

Com frequência, duas pessoas discutem com muito vigor; e, então, cada uma vai para casa com a opinião da outra: fizeram uma troca.

9

De acordo com Diógenes Laércio, entre os muitos escritos retóricos de Teofrasto que se perderam completamente, um tem o título Αγωνιστικον της περι τους εριστικους λογους θεωριας. Esse seria o nosso assunto.

10

Se ela contradiz diretamente uma verdade absolutamente incontestável, reduzimos o adversário *ad absurdum*.

11

Os casos planejados intencionalmente nunca são sutis o suficiente para serem enganosos; deve-se, portanto, coletá-los da própria experiência real. Seria muito bom se fosse possível dar a cada estratagema um nome curto e adequadamente descritivo, pelo qual, caso necessário, alguém pudesse imediatamente descartar o uso deste ou daquele estratagema.

12

Sophisma a dicto secundum quid ad dictum simpliciter. Este é o segundo *elenchus sophisticus* de Aristóteles εξω της λεξεως: — το απλως, η μη απλως, αλλα πη που, η ποτε, η προς τι λεγεσθαι (Refutações sofísticas, 5).

13

Pertence ao anterior.

14

Este é o começo verdadeiro da dialética.

SOBRE O AUTOR

Arthur Schopenhauer (1788, Danzig - 1860, Frankfurt), filósofo marcado pelo pessimismo, era filho de uma escritora e de um rico comerciante bem mais velho que a esposa. O pai queria destiná-lo ao aprendizado do comércio, mas, por influência da mãe, ele ainda jovem começou a frequentar o círculo de Goethe. Poliglota e viajado, entusiasmado pelo ocultismo, teve como seus grandes mestres Platão, Kant e Buda. Hostil às ideias de Hegel e incompreendido no início de sua carreira, com a publicação de *Parerga e Paralipomena*, livro de 1851, enfim conquistou popularidade. Autor de vasta obra, escreveu diversos outros tratados filosóficos — a exemplo de *Sobre a raiz quadrada do princípio da razão suficiente*, *A vontade da natureza* e *O livre-arbítrio* — e numerosos ensaios sobre literatura, política, direito, ciência etc. Com sua obra máxima, *O mundo como vontade e representação*, de 1819, mais tarde influenciaria sucessivas gerações de poetas e prosadores.

DIREÇÃO EDITORIAL
Daniele Cajueiro

EDITORES RESPONSÁVEIS
Ana Carla Sousa
André Seffrin

PRODUÇÃO EDITORIAL
Adriana Torres
Laiane Flores
Adriano Barros

REVISÃO DE TRADUÇÃO
Gabriel Salvi Philipson

REVISÃO
Alessandra Volkert

PROJETO GRÁFICO
Rafael Nobre

DIAGRAMAÇÃO
Futura

Este livro foi impresso em 2021
para a Nova Fronteira.